第二册

中华传统文化
走进齐文化
2

《中华传统文化——走进齐文化》编委会 编

中国社会科学出版社

图书在版编目(CIP)数据

中华传统文化:走进齐文化:全十二册/《中华传统文化——走进齐文化》编委会编. —北京:中国社会科学出版社,2023.6(2023.11重印)
ISBN 978-7-5227-2077-7

Ⅰ.①中… Ⅱ.①中… Ⅲ.①齐文化—青少年读物
Ⅳ.①K871.3-49

中国国家版本馆CIP数据核字(2023)第105321号

出 版 人	赵剑英
责任编辑	孙婷筠
责任校对	牛　玺
责任印制	戴　宽

出　　版	中国社会科学出版社
社　　址	北京鼓楼西大街甲158号
邮　　编	100720
网　　址	http://www.csspw.cn
发 行 部	010-84083685
门 市 部	010-84029450
经　　销	新华书店及其他书店

印刷装订	北京君升印刷有限公司
版　　次	2023年6月第1版
印　　次	2023年11月第2次印刷
开　　本	710×1000　1/16
印　　张	95
字　　数	1505千字
定　　价	163.00元(全十二册)

凡购买中国社会科学出版社图书,如有质量问题请与本社营销中心联系调换
电话:010-84083683
版权所有　侵权必究

《中华传统文化——走进齐文化》编纂委员会

主　　任：崔国华

副 主 任：张锡华　王先伟　刘建伟　段玉强　王　鹏　冷建敏
　　　　　刘　琳　罗海蛟

名誉主任：张成刚　刘学军　宋爱国

委　　员：（以姓氏笔画为序）

王　宏　王　凯　许之学　许跃刚　孙正军　孙林涛　孙镜峰
李安亮　李新彦　李德乾　张建仁　张振斌　韩相永　路　栋

《中华传统文化——走进齐文化》编审人员

主　　编：徐广福　李德刚

副 主 编：王　鹏　朱奉强　许跃刚　李新彦　吴同德　于建磊
　　　　　闫永洁

编写人员：（以姓氏笔画为序）

于孝连　王会芳　王桂刚　王景涛　边心国　齐玉芝　李东梅
张爱玲　赵文辉　高科江　袁训海

《中华传统文化——走进齐文化》本册编委

本册主编：孙镜锋
副 主 编：齐玉芝
编　　者：房爱翠　张　华　蔡静波　边明鑫
　　　　　蔡文平　郭美玲　苗　红　王金琨
美术编辑：房爱翠

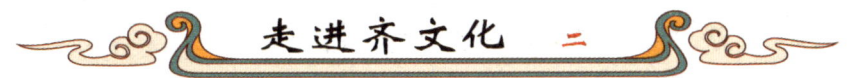

前　言

　　齐文化是中华民族传统文化的重要组成部分，它所具有的鲜明的开放、包容、务实、创新的文化精神，不仅在我国古代社会产生过重大影响，而且已经穿越时空，历久弥新，对今人依然有许多启迪和借鉴意义。

　　《中华传统文化——走进齐文化》编写委员会以教育部《完善中华优秀传统文化教育指导纲要》为指针，从传统文化与时代精神的结合上把握齐文化的特点，遵循青少年身心发展规律和教育规律，面向中小学生，一体化设计本书的编写内容与编写体例，使本书由浅入深，由分到总，由具象到抽象，由感性到理性，点面结合，纵向延伸，呈现出层级性、有序性、衔接性和系统性。

　　本书编写以"亲近齐文化—感知齐文化—理解齐文化—探究齐文化"为总体编写思路。

　　小学低年级（一至二年级），以滋养学生对齐文化的亲近感为侧重点，开展启蒙教育，培育热爱齐文化的情感。

　　小学高年级（三至五年级），以提高学生对齐文化的感知力为侧重点，开展认知教育，使学生了解齐文化的丰富多彩。

　　初中阶段，以增强学生对齐文化的理解力为侧重点，开展通识教育，使学生了解齐国历史的重要史实和发展的基本线索，以及齐地风俗，赏析齐国的文学艺术和经典名著选段，提高对齐文化的认同度。

高中阶段，以提升学生对齐文化的理性认识为侧重点，开展探究教育，引导学生认识齐文化形成与发展的悠久历史过程，领悟齐人创造的物质文化、制度文化和精神文化，探究齐文化的重要学说，发掘齐文化的历史价值和现实意义，弘扬和光大齐文化。

基于上述编写的指导思想与编写思路，本书在编写过程中与时俱进，注重齐文化教育与践行社会主义核心价值观相结合，齐文化教育与时代精神相结合，课堂学习与实践教育相结合，学校教育、家庭教育与社会教育相结合。

正如经济领域有第一产业、第二产业、第三产业一样，教育领域也有第一课堂、第二课堂、第三课堂。本书的编写意在为中小学生的第三课堂提供一套系统化的齐文化"课程"。从小学一年级到高中三年级共计十二册，学生经过十二年的序列化学习，逐步深入了解齐文化、继承齐文化，并创新性地发展齐文化。青少年学生通过亲近、感知、理解、探究齐文化，以此弘扬爱国主义精神，培养家国情怀，提升文化自信力，为实现中华民族伟大复兴的中国梦奋然前行。

《中华传统文化——走进齐文化》编委会

2023 年 2 月

走进齐文化 二

第一单元　　古齐新韵
第1课　　繁华的故都……………………… 2
第2课　　美丽的临淄……………………… 5
第3课　　临淄地名………………………… 8

第二单元　　山水风光
第4课　　鼎足的紫荆山…………………… 12
第5课　　幽淑的愚公山…………………… 14
第6课　　淄西名水——乌河……………… 16
第7课　　孔孟听歌的康浪河……………… 19
活动探究课　寻访临淄山水………………… 21

第三单元　　成语故事
第8课　　老马识途………………………… 24
第9课　　一鸣惊人………………………… 27
第10课　　直言不讳………………………… 30
第11课　　康庄大道………………………… 33

第四单元　　名人风采
第12课　　管仲……………………………… 37
第13课　　晏婴……………………………… 39
第14课　　邹忌……………………………… 41

中华传统文化

第15课　田单·····················44
第16课　房玄龄···················47

第五单元　诗歌欣赏
第17课　姜太公钓鱼···············50
第18课　贤哉小白·················52
第19课　管仲墓诗·················54
第20课　吊晏婴冢·················56

第六单元　文物撷英
第21课　高子戈···················59
第22课　燕王剑···················61
第23课　金樽·····················63

第七单元　文化遗产
第24课　孟姜女的传说·············66
第25课　牛山庙会·················69

第八单元　抚今追昔
第26课　齐文化博物馆·············73
第27课　姜太公祠·················76
第28课　管仲纪念馆···············79
第29课　临淄中国古车博物馆·······82
第30课　临淄足球博物馆···········85
活动探究课　走进临淄名馆·········88

第一单元　古齐新韵

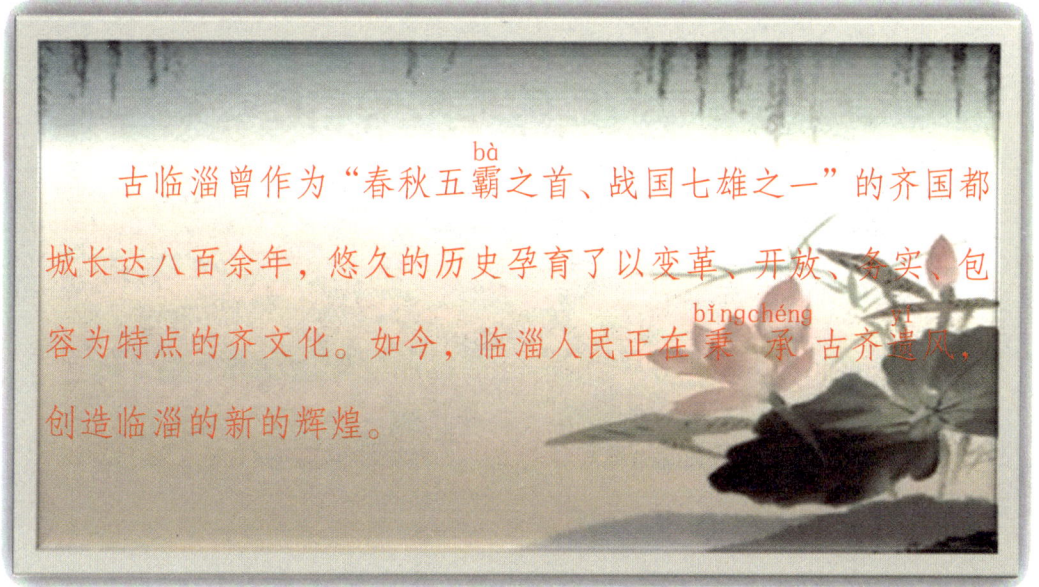

古临淄曾作为"春秋五霸(bà)之首、战国七雄之一"的齐国都城长达八百余年，悠久的历史孕育了以变革、开放、务实、包容为特点的齐文化。如今，临淄人民正在秉承(bǐngchéng)古齐遗风，创造临淄的新的辉煌。

中华传统文化

第1课　繁(fán)华的故都

齐国故城景观模型(jǐngguānmóxíng)

临淄作为周代齐国都城八百余年,是我国春秋战国时期中原地区人口最多、最(zuì)繁(fán)华的经济文化中心。故有"海内名都"之称。

临淄城南面是泰沂(tàiyí)群山,东面傍(bàng)淄河,西面傍渑(bàngshéng)水。四面有高大的城墙和护城河,可谓"四塞(sìsài)之固"。

临淄城内有宽阔(kuānkuò)平坦、四通八达的街道十条,有七个集市,天下的老百姓都争先来临淄做生意和定居。

临淄街道上人来车往,车毂(chēgū)相互撞(zhuàng)击。熙熙攘攘(xī xī rǎngrǎng)的行人,人肩相互摩擦(mó cā),后面人的脚尖踩着(jiǎojiāncǎi)前面人的脚跟。人们举起衣袖(xiù)就能遮住太阳,同时挥把汗就如同下雨。这里有斗鸡赛(dòujīsài)

走进齐文化 二

狗的，赌博(dǔ bó)踢球(tī qiú)的，弹琴鼓瑟(tán qín gǔ sè)的，击鼓吹竽(jī gǔ chuī yú)的……一派物丰人足，富庶殷实(shù yīn)的景象。人们志气高昂，洋洋得意。这里的繁华盛景，在当时天下是没有能比得上的。

繁(fán)荣的贸易往来

知识链接

临淄是我国历史上周代齐国国都，以后长期为"海内名都"。曾为京、为城的临淄故城，历尽沧桑，存续时间长达一千三百多年。故城内外，地上地下，文物浩繁，历史陈迹遍布，誉为宏大的"地下博物馆"。

临淄齐国故城，位于今淄博市临淄区齐都镇，是国务院1961年公布的第一批全国重点文物保护单位。

中华传统文化

　　灿烂辉煌(huī huáng)的齐文化在这里发祥，足球从这里起源，古临淄人的聪明才智成就了人类的优秀文化，你作为一名地道的临淄人，心中是否充满着自豪呢？此时此刻，把你知道的、感悟到的跟你的小伙伴分享一下吧！

　　你是善于观察生活的人吗？在我们的身边依然有很多保留着的、传承下来的古齐文化资源，随时身观察，把它记录下来吧！

走进齐文化 二

第 2 课　美丽的临淄

《大美临淄》　崔德广

临淄历史悠久，文化灿烂，是中国齐文化的发祥地，也是华夏文明的重要发祥地之一。二十余座古台举世闻名，一百五十多座古墓(mù)沉睡千年，三百余个古文化遗址星罗棋布，被誉为规模宏大的"地下博物馆"。

临淄区是齐鲁大地上的一颗璀璨(cuǐcàn)明珠。于1994年被国务院命名为国家历史文化名城；2004年被国际足联确认为世界足球起源地；临淄齐国故城与田齐王陵已申报世界文化遗产；已建成齐都文化城等二十余个景点，构成了丰富的齐文化资源。2004年开始，连续举办了十二届国际齐文化旅游节；临淄区是现代中国工业重镇，中国特大型企业——齐鲁石化就坐落在临淄。

中华传统文化

临淄是全国粮食生产大县、全国商品粮基地县、全国生态农业试点区、全国文化先进区、全国体育先进区、全国双基教育先进区、全国卫生城市、全国民政工作先进区。

《石化名城》黄 绍shào 时

知识链接

国际齐文化旅游节是临淄的一张名片，自2004年9月至今，已经举办了十二届。

走进齐文化 二

分享交流

政府主导的每年一度的"正月十五灯会",给传统节日增添了浓浓的文化氛围。

拓展活动

上一课学习了古代的家乡,这节课学习了今天的家乡,你有什么话想说吗?记录下你的感受吧!

中华传统文化

第 3 课　　临淄地名

地名有古迹地名、吉祥语地名、姓氏地名、地形地名、事迹地名等多种命名形式，临淄作为古代齐国故都八百余年，历史悠久。目前，临淄区所属 7 个镇、5 个街道办事处几乎都是以古迹命名的。比如：齐都镇、敬仲(jìngzhòng)镇、闻韶(wénsháo)街道、皇城镇，等等。另外 414 个行政村、60 个社区以古迹命名的也很多。

齐都镇位于临淄区境内中部偏东，在临淄区政府驻地东北 7 千米处。齐都镇称谓(chēngwèi)源于周朝姜太公所建的齐国。从公元前 1045 年至公元前 221 年，这里作为齐国都城，贯穿(guànchuān)始终。

齐都镇政府驻地

敬仲镇位于临淄区政府驻地北 16 千米。敬仲镇历史悠久，自周朝姜尚受封于齐，建立齐国，敬仲地界即为齐国腹地(fù dì)。敬仲镇因高傒(xī)墓(mù)地坐落此地而得名。高傒，号白

敬仲镇政府驻地街景

走进齐文化 二

兔，谥号敬仲，齐国上卿。

闻韶街道位于临淄城区中部偏东，南起牛山路，北至临淄大道，东起天齐路，西至雪宫路。街道之名"闻韶"来源于孔子在齐闻《韶》的典故。

闻韶街道驻地

知识链接

雪宫街道位于临淄城区中西部，北起人民路，南至牛山路，东起雪宫路，西至一诺路。雪宫街道以雪宫而得名。雪宫，战国时期齐国的离宫名，故址在今皇城镇曹村东。据民国九年《临淄县志》载，这是外之宫，因处齐城雪门外而得名，为齐王会见宾客、游乐、饮宴之处。《晏子春秋》有"齐侯见晏子于雪宫"的记载。相传齐宣王时，钟离春冒死进谏，宣王见其贤，纳为正宫的故事，就发生于此。

雪宫街道驻地

中华传统文化

你还知道哪些跟齐文化相关的临淄地名吗？跟你的小伙伴一起交流一下吧！

将这些搜集到的地名故事用图画的形式画一幅临淄地图吧！

第二单元　山水风光

　　"山不在高，有仙则名；水不在深，有龙则灵。"八百余年古齐文化的历史给临淄这方土地增添了浓郁的文化色彩，使得临淄的山山水水都被赋予了文化气息，变得令人向往。

中华传统文化

第4课　鼎足的紫荆山

紫荆(jīng)山位于临淄区齐陵街道郑家沟村南，是鼎(dǐng)足山之一。鼎足山因三山鼎足而得名，北为紫荆山，南为菟(tù)头山（又名驴山），东南为牛首山。田齐王陵之二王冢就坐落在三山之间。

　　临淄民间有谚语，"齐王葬在三山口，临淄千年不为京"，说的就是三山之间的二王冢(zhǒng)。相传姜齐桓公姜小白临死时想把墓地选在城西的愚(yú)公山（即路山）上，而不想葬在城南的鼎足山上。因为那样会破坏临淄作为大国都城的风脉。可桓公的五个儿子不孝顺，向来和他对着干。于是桓公把话反着说，临终前叮嘱(dīngzhǔ)五个儿子一定要把他葬到城南的鼎足山上。不想桓公的五个儿子这一次却听了父亲的话，果真把桓公葬到了城南的鼎足山上。这样一来，临淄的风水全被破坏殆(dài)

走进齐文化 二

尽，再也没有像桓公时期那样辉huīhuáng煌强大。

1984年，经专家考证，认为二王冢是田齐侯hóuyǎn剡和田桓公午wǔ之墓，是田齐王陵的一部分，而不是齐桓公姜小白与齐景公姜杵chǔjiù臼之墓。1988年1月，二王冢被国务院公布为全国重点文物保护单位。

明代诗人王衮gǔn《景公冢遇雨》抒写了诗人深秋遇雨过此地的所见所闻，流露出清冷、萧xiāosuǒ索之感。

  小店疏离野水旁，肯留闲客暂zàn追凉。
  云封枣叶连连暗，雨洗荆花溢yì路香。
  尝酒招邻拼得醉，借驴寻寺偶成忙。
  眼前齐景遗阡qiān在，一体萧xiāo萧蔓màn草荒。

你去过紫荆山吗？阳光明媚的日子，与爸爸妈妈一起去看看紫荆山美丽的风景吧，然后把你的经历用照片"晒"给大家！

中华传统文化

第5课　幽淑(yōushū)的愚公山

愚(yú)公山，原名杜山，又称路家山。在临淄区凤凰镇境内，海拔一百二十一米，为铁石质，孑(jié)然而立。山阴处有一古墓，叫愚公墓。相传有愚公在此山巧谏(jiàn)齐桓公而得名。

春秋时期，愚公山荆棘(jīngjí)丛生，古木参天，是飞禽走兽的乐园，也是齐国的一个狩(shòu)猎场。一天，齐桓公来愚公山脚下射猎，因追赶一只梅花鹿，在山谷中迷了路。一位仙风道骨的老者向桓公隐谏(yǐnjiàn)"狱(yù)讼(sòng)不正"，齐桓公悟出了其中的道理，下令改革内政，严肃法纪，从而

走进齐文化 二

使齐国大治。

还有一种传说，愚公移山的时候，一块土块从箕畚(jī běn)中掉了出来，掉到了临淄，一眨眼的工夫，便长成了大山，于是得名"愚公山"。

 分享交流

愚公山之阳，耸立着边树生烈士纪念碑。边树生是临淄区凤凰镇东召口村人，1970年，因班里修坦克时乙炔(quē)回火爆炸，壮烈牺牲。边树生牺牲后，生前所在部队追认他为中国共产党党员和一等功臣。

你还知道关于愚公山的哪些故事？

大家一起来讲一讲吧！

 拓展活动

在我们身边还有很多优美的风景，走走看看，多了解一下自己家乡的山山水水，把你的记录、感想"晒"出来吧。

中华传统文化

第6课　淄西名水——乌河

乌河又称耏水、溡水、时水、干时、乌龙江。源于临淄区辛店街道大武村黄山之阴，全长60千米，临淄境内河段长20.85千米，流经稷下、凤凰、朱台3个镇（街道），后由六天务村西出，进入桓台县，在博兴湾头入小清河。

乌河几千年来，用她博大的胸襟养育了一代代两岸的人民，有着深厚的历史文化底蕴。流经地有古战场齐鲁干时之战发生地；有"矮矮槐荫夏日浓""高阳馆外酒旗风"等盛景；有国家重点文物保护单位、龙山文化城——桐林（田旺）遗址、齐民要术诞生地——高阳故城等古迹；有清代武进士、曾入藏平叛的儒将王友询等名人故里；有丰富水的产品，其中的"乌鳢"和"缠丝鸭蛋"更是因味美而久享盛名。

走进齐文化 二

知识链接

乌河上的桥

乌河流经地矮槐树村东的乌河上，有古桥"澨源桥"（shí yuán），系山东东西古大道的主要桥涵之一；稷下街道小杜家庄西的乌河上有一座七孔桥。明清时期，每年正月十六日，临淄西部乌河两岸的百姓都要在此桥举行踩桥会，通过"踩桥"的方式祈求一年的吉祥幸福。如今，这项民俗活动已经被列入区非物质文化遗产名录。另外，东申村、西申村有元代古桥——申桥。

故事链接

关于乌河的得名，有一个美丽的传说。据说宋太祖赵匡胤（zhào kuāng yìn）率军征讨山东时，某年夏日曾在该村古邮亭旁歇息。赵匡胤将汗水浸湿的战袍脱下，放入村内的溪流中，突然，战袍底下钻出一条黑龙，顺

中华传统文化

流而下，窜向西北，顿时此处泉水四涌。原来的小溪流，霎(shà)时化作了一条滚滚的大河，水涌如龙，色黑如墨。从此之后，人们将此河称之为"乌龙河"，简称"乌河"。

读一读

由于近年来地下水位下降，河床干涸(hé)，乌河一时胜景难寻。为改善民生、还人民群众一个美丽的乌河，2010年，区委区政府投资3000万元，实施乌河、运粮河、齐鲁石化排洪沟综合治理工程，并将其列入全区为民办的十件实事之一。治理河道全长30千米，通过更换河水，两岸绿化美化、修葺(qì)七孔桥等措施对乌河进行综合治理，恢复其昔日风景秀丽的面貌。工程治理完成后，乌河水质将极大改善，两岸环境将大幅提升，达到"重现鱼类"的目标。

走进齐文化 二

第 7 课　孔孟听歌的康浪河

　　康浪河古称沧(cāng)浪水、康浪水。源于临淄区凤凰镇境内的西河村（甘河头），平地出泉，北流与东来的系水汇合。北流经梧台旁，经敬仲镇西部、朱台镇北部流入博兴，汇入其境内的乌河。

　　康浪河之名载(zǎi)于史册，闻名遐迩(xiá ěr)，今临淄区凤凰镇西河村村西、康浪河源头有古迹"宁戚(níng qī)饭牛处"；儒家孔子、孟子来齐时，均曾到康浪(kāng làng)河畔(pàn)听歌。清代文坛泰斗、桓台人王士禛(zhēn)的田庄在康浪河西的北王家庄子。

中华传统文化

古迹"宁戚(níng qī)饭牛处"。说的是春秋时期卫国人宁戚夜宿康浪河畔，叩(kòu)牛角而歌，正逢午夜齐桓公外出，闻"饭牛歌"之声，知其为贤士，同载归，拜为大夫。管仲立他为大司田，共同辅佐桓公完成霸业。

儒家孔子、孟子来齐时，均曾到：康浪河畔(pàn)听歌。其中就有这首《孺(rú)子歌(xī)》："沧浪之清兮，可以濯我缨，沧浪之水浊兮，可以濯我足。"此歌有劝人积极进取的寓意，意思是好的环境，我要努力做官、为民造福；不好的环境，我要洁身自好、修养身心。你从歌中又听出了些什么呢？

清代文坛泰斗、桓台人王士禛(zhēn)曾多次游览康浪河源头的宁戚饭牛处，曾在《临淄道中》诗中写道："驱车一回首，西眄(miǎn)康浪源。不见饭牛人，狂歌夜火间。一朝蹑(niè)卿(qīng)相，通国称其贤。"王士禛(zhēn)的诗，叙述了宁戚饭牛、遇桓公而被重用的经过，表达了对桓公、宁戚的怀念敬佩之情，更为历史名河康浪河增添了新的文化内涵。大家也一起来读读《临淄道中》吧，相信你会有更多的收获。

走进齐文化 二

活动探究课　寻访临淄山水

活动探究内容

带上你的相机，寻访紫荆(zǐ jīng)山、愚公(yú)山、乌河、康浪河吧！去感受临淄山水的魅力(mèi lì)吧！

活动主题

"我眼中的家乡山水"摄影(shè yǐng)展

活动目标

1. 学会使用相机。

2. 能用相机拍摄出自己眼中家乡美丽的山水景色。

活动准备

1. 准备单反相机或普通相机。

2. 设计好出游路线。

3. 准备好适量的食物或水等。

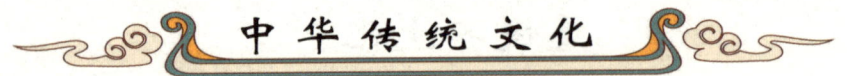

活动步骤

1. 邀请家长陪同我们去采风，制定好采风时间、采风路线等，准备好采风工具。

2. 采风，寻访临淄山水，拍摄照片。

3. 布展——我眼中的家乡山水。

4. 评价、表彰(zhāng)。

活动探究

寻访家乡山水中的传说故事。

注意事项

1. 安全：注意游览中的人身安全、交通安全、财物安全。

2. 拍摄要求：体现家乡山水之美。

走进齐文化 二

第三单元 成语故事

　　源于齐国故都临淄的成语典故逾(yú)千个，临淄堪称"成语之都"。老马识途、讳(huì)疾(jí)忌(jì)医(yī)、一鸣惊人、狡(jiǎo)兔三窟(kū)、滥(làn)竽(yú)充数等67个成语典故已申报为省级非物质文化遗产。这些成语典故是齐文化的重要载体，不仅语言简洁优美，而且内涵深刻丰富，处处闪烁着睿(ruì)智的光芒。出自我们临淄的成语故事又有哪些呢，我们一起来学习吧！

中华传统文化

第 8 课　　老马识途

1. 公元前663年，山戎侵犯燕国，燕国向齐国求救，齐桓公率军救援。

2. 齐国军队在讨伐山戎的同时，又进攻孤竹国和令支国。

3. 齐国军队出征时是春天，凯旋时已是冬天了，路上景色已变，齐国军队迷路了。

4. 相国管仲向齐桓公说："老马能够记住自己走过的路。"

走进齐文化 二

5. 齐桓公就命令士兵牵出几匹老马,解开他们的缰绳,将他们放在队伍的前面,军队紧随其后,果然顺利地走出险地。

日积月累

老马识途

"老马识途"出自《韩非子·说林上》。意思是说,老马能辨认道路,比喻经验丰富的年长者熟悉情况,能找到解决问题的正确途径。

故事链接

坚瓠无窍
jiān hù wú qiào

齐国有个颇有名气的隐士,名叫田仲,他生活在山里,过着与世人隔绝的生活。一天,有个叫屈谷的人去拜访他,寒暄一阵之后,屈谷有意嘲弄田仲说:"我久闻先生气节高尚,远离尘世,不依仗别人生活。"

中华传统文化

田仲谦虚地说:"先生过奖了。"屈谷又指着自己说:"我这个人,没有什么本事,只会种葫芦。现在,我带来一只很大的葫芦,坚硬如石,皮厚无腔,想送给您略表心意。"田仲听了以后,说:"葫芦如果说有点什么用处的话,是因为它可以盛放东西,而您这个葫芦,皮厚无腔,而且坚硬如石,不能剖开盛物,送给我有什么用处啊!"屈谷微笑着说:"说得好!我马上把这个无用的东西扔掉!可现在先生隐居深山,虽不依赖别人为生,但对国家也毫无用处,这和那个无用的葫芦有什么区别呢?"田仲听了,无言以对。这个故事源于《韩非子·外储说左上》。成语"坚瓠无窍(jiān hù wú qiào)"是用来比喻有虚名而无实用的东西。

成语"老马识途"里面的主要人物是谁?在父母或老师的帮助下搜集有关他的故事。

走进齐文化 二

第9课　一鸣惊人

1. 战国时期，齐国的威王，本是很有才智的君主，可即位后，却沈迷于酒色，不管国家大事，使得齐国处于濒临灭亡的边缘。

2. 齐国有个口才很好的淳于髡，便想了一个计策，劝告齐威王，说齐国有只大鸟，不飞翔，不鸣叫，只是毫无目的地蜷伏着。

3. 齐威王一听就知道淳于髡是在讽刺自己，决定要振作起来，因此他说，这一只大鸟，它不飞则已，一飞则冲天，不鸣则已，一鸣则惊人。

中华传统文化

4. 从此齐威王开始整顿国家，赏罚分明，全国上下很快就振作起来了，各国诸侯不敢再来侵犯，甚至还把原先侵占的土地，都归还给齐国。

一鸣惊人

鸣：鸟叫。一叫就使人震惊。比喻平时没有突出的表现，一下子做出惊人的成绩。

齐威王行赏罚的故事

齐威王召见即墨大夫，说："自从你到即墨任官，每天都有指责的话传来。可派人去即墨察看，却是田土开辟整治，百姓丰足，官府无事，东方因而十分安定。于是我知道这是你不巴结我的左右内臣的缘故。"便封赐(fēngcì)即墨大夫享一万户的俸禄(fènglù)。齐威王又召见阿地大夫，对

走进齐文化 二

他说:"自从你到阿地镇守,每天都有称赞你的好话传来。但我派人前去察看阿地,只见田地荒芜,百姓贫困饥饿。当初赵国攻打鄄(juàn)地,你不救;卫国夺取薛陵(xuē líng),你也不知道;于是我知道你用重金来买通我的左右近臣以求替你说好话。"当天,齐威王下令烹(pēng)死阿地大夫及替他说好话的左右近臣。于是臣僚们不敢再弄虚假,都尽力做实事,齐国因此大治,成为天下最强盛的国家。

拓展活动

这个成语故事的主人公是齐威王,它出自西汉·司马迁《史记·滑稽列传》:"此鸟不飞则已,一飞冲天;不鸣则已,一鸣惊人。"你给大家讲一下这个成语故事吧!

中华传统文化

第10课　直言不讳

1. 晏婴是齐景公时期的相国，他选拔人才时，发现贤能的就提拔；发现不好的就免职；他做事大公无私，说话大胆直言，毫无顾忌。

2. 有人向景公上书说晏婴存在独揽大权、态度傲慢的行为，那么朝堂之上君贵臣轻的局面就破坏了，景公认为说得对。

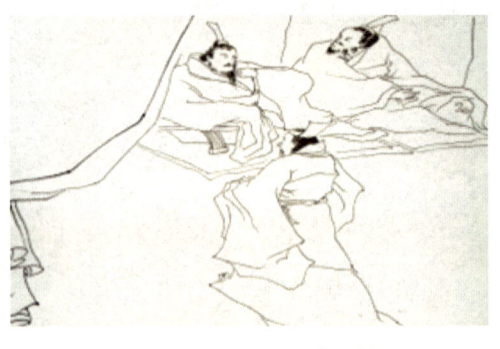

3. 晏婴入朝，齐景公见了他，脸色很不好看，晏婴了解情况后，辞去了相国，带着一家老小到偏僻的地方过起了隐居的生活，七年过去了，原来的家长满了荒草，破败不堪。

走进齐文化 二

4. 晏婴走后,齐景公亲自管理国家,但他治国无方,百姓生活困苦,其他国君及国内贵族都轻视他,景公权威丧失,惶恐不安,只好重新召回晏婴。

5. 晏婴官复原职后,齐景公将七年的俸禄如数发放给他,晏婴却全部赈济了灾民。齐国又恢复了以往的平静和安宁。可是,晏婴死后,齐国就衰落了。

日积月累

直言不讳

直率地讲话;毫不隐讳(讳：忌讳yǐnhuì;隐讳jìhuì)。说话坦率,毫无顾忌。出自《晋书·刘波传》："臣鉴jiàn先征;窃惟今事;是以敢肆gǎnsì狂瞽kuánggǔ。"

中华传统文化

故事链接

金壶丹书

纪国是齐国东面的一个国家，后来为齐国所灭。一天，齐景公和晏婴到原来纪国的国土上游玩。齐景公捡到一个金壶，打开一看，里面有一张用朱砂写的字条，上面写着："吃鱼只吃一面，不要反过来吃；不要用劣马拉车。"

齐景公说："有道理！吃鱼不能翻过来吃，是因为不喜欢他的腥味；不能劣马拉车，是害怕他走不了远路。"

晏子说："你理解得不对。吃鱼只吃一面，不要翻过来吃，是告诫人们要爱惜民力，不要耗尽百姓的财力；不要用劣马拉车，是告诫人们要任用有才德的人，不要把那些品行不好又没有才能的人安排在自己身边。"

齐景公说："纪国有这样充满哲理的言语，有这样深刻的认识，怎么会亡了国呢？"晏婴回答说："好的政策应当推广到全国，并应用到实践中。纪国有这样深刻的警句，却藏在金壶里而不被采纳和利用，不亡国才怪呢！"

拓展活动

读一读，跟同学讲一讲这个成语故事吧，遇到事情你能做到直言不讳吗？这个成语还有近义词和反义词，你查阅一下资料找出来吧！

走进齐文化 二

第 11 课　康庄大道

1. 战国时期，齐国在国都临淄稷门一带设置学宫，招揽了诸多学者及游说之士。

2. 来到齐国的学者多达数千人，比较著名的有淳于髡(chún yú kūn)、邹衍(zōu yǎn)、慎到(shèn)等。他们著书立说，对社会变革、政治制度等提出了一系列主张和建议。

3. 齐国国君为了奖励这些学者，任命他们为大夫，并为他们建造高大的住宅，修筑宽阔平坦、四通八达的道路，使他们备受尊重和恩宠。一时间，齐国人才济济，稷下学宫成为当时百家争鸣的重要阵地。

中华传统文化

4. 齐国一直实行变革、开放、务实、包容的政策，加上几代国君广开言路，招贤明之士，所以出现了前所未有的繁荣景象。特别是国都临淄，道路宽广平坦，人们生活富裕，商贾（shāng gǔ）云集，车水马龙，成为当时有名的大都会。

日积月累

康庄大道

康庄：平坦，通达。宽阔平坦、四通八达的大路。比喻美好的前途。后人便把宽阔平坦、四通八达的大路称作"康庄大道"。

故事链接

齐威王的宝物

公元前355年，齐威王与魏惠王一起打猎，魏惠王问齐威王："大王有何宝物？"齐威王心里明白，这是魏惠王要向自己夸耀国力了，于是便以退为进地说："我没有。"于是魏惠王不无自豪地说："我国虽小，

走进齐文化 二

尚有能照亮十二辆车子、径长一寸的夜明珠一颗。像齐国这样地大、人多、光兵车就有一万辆的大国，难道连这样的宝贝也没有吗？"齐威王听了魏惠王的话，很不以为然地说："我的珍宝与你的大不一样。你的宝是死的，我的宝是活的；你的宝会引出乱子，我的宝能卫国安民；你的宝有价，而我的宝无价。"魏惠王大惑(huò)不解地问："是何宝物如此厉害？"威王说："我有大臣檀(tán)子，镇守下陲(chuí)。我有能臣盼(bān)子，镇守高唐。我有贤臣黔(qián)夫，镇守徐州。我有良吏种首，负责国内治安，人民夜不闭户，路不拾遗(shí yí)。我有这四位能臣贤相，他们就是我的宝物，岂止(qǐ zhǐ)照亮十二辆车子！"一席话使魏惠王惭羞(cán xiū)难容，自认不如。

拓展活动

小组讨论一下，能用这个成语造句吗？请同学们查找资料，也了解一下"康庄大道"这个成语的近义词和反义词吧！

中华传统文化

第四单元 名人风采

先秦时期的齐国，曾创立春秋称霸(qín)(bà)、战国称雄的伟业，一直以富国、大国、强国的形象活跃(huóyuè)在历史舞台上。这些伟业，固然(gùrán)与明君齐桓公、齐景公、齐威王息息相关，但也离不开齐相管仲、晏婴、邹(zōu)忌、田单等人的卓越贡献。尤其(yóuqí)是管仲、晏婴，作为齐文化的标志性人物，更是奇才盖(gài)世、流芳千古，至今还为人津津(jīn)乐道、学习借鉴(jiàn)。

这些人不仅为齐国的发展做出了贡献(gòngxiàn)，也在中国历史上书写了浓墨重(zhòng)彩的华章，他们的名字和丰功伟绩依然在人们口中流传。本单元就为同学们撷(xié)取其中的几位名人，学习他们的事迹，从中感受他们的魅(mèi)力。

走进齐文化 二

第12课 管仲

管仲,名夷吾,字仲,谥号敬,也称敬仲。生于颍上(今安徽省颍上县),春秋时期的政治家、军事家和经济学家。在齐国推行新政,以其卓越的谋略辅佐齐桓公成为春秋时期第一个霸主。被誉称为"中华第一相"。

管仲家贫,自幼刻苦自学,通"诗书",懂礼仪。知识丰富,武艺高强。齐桓公即位后,采纳鲍叔牙的建议,不记一箭之仇,拜管仲为相,令其主持政事。

管仲任相后,对齐国进行了一系列改革。他把政治、军事、经济、外交作为一个整体来对待,推行"一体之制",使齐国很快就走上了富国强兵之路。也为齐桓公创霸打下了坚实的基础。

管仲先后辅佐齐桓公进行了三次大的武装会盟、六次大的和平会盟;还辅助周王室一次,完成了春秋首霸的伟业,史称"九合诸侯,一匡天下"。

中华传统文化

分享交流

管仲的一生，不仅建立了彪炳(biāobǐng)史册的功勋(gōngxūn)，还给后世留下了一部以他名字命名的巨著——《管子》。书中记录了他的治国思想，对后世影响深远。

管仲的一生并非一帆风顺，年轻时也是穷困潦(liáo)倒。为了生活，他与好友鲍(bào)叔牙一起经过商、参过军、做过下层小吏(lì)，甚(shèn)至做过"城阳狗盗(dào)"。但这并不影响他在历史上的地位。通过他的故事，你受到什么启发？

拓展活动

管仲和鲍叔牙是一对好朋友。鲍叔牙是齐国的贵族，而管仲家境贫寒，生活浪窘迫。两人尽管身份浪悬殊，但鲍叔牙非常欣赏管仲。他对管仲十分真诚、宽容，总是在经济上帮助管仲。正是由于鲍叔牙向齐桓公举荐管仲，才使得管仲有机会成为我国历史上著名的政治家。

管仲之所以能相(xiàng)齐成霸，是与鲍(bào)叔牙的知才善荐(shànjiàn)分不开的。晚年的管仲曾多次对人讲过：生我的是父母，知我的是鲍叔牙。那么他两人间到底有哪些耐(nài)人寻味的故事呢？课后搜集一下，和同学们说一说吧！

走进齐文化 二

第13课 晏婴(yànyīng)

晏婴字仲(zhòng)，谥(shì)号"平"，后人又称他"晏平仲"。齐国夷维(yí wéi)（今山东高密）人。从政五十余年，齐景公时期，长期担任相国，是春秋末期杰出的政治家、思想家、外交家。他知识丰富，聪明机敏。他勤政爱民，关心百姓疾(jí)苦，敢于指出国君的错误，是齐景公的主要助手，百姓都尊称他为"晏子"。有一本书是《晏子春秋》，专门记录了他的故事。晏婴廉洁奉公(lián fèng)，始终过着清贫生活，穿粗衣、吃粗粮、住陋(lòu)室、骑劣(liè)马，景公给他新房，他拒(jù)绝搬迁(jué bān qiān)，给他金银裘(qiú)皮、好车好马，他坚辞(cí)不受。景公见他的妻子其貌不扬，又要把女儿赐给他，晏婴更是婉言谢绝(wǎn yán xiè jué)。晏子拒(jù)赐(cì)成为千古美谈。

正是这样高尚的品格，才使后来的司马迁(qiān)发出这样的感慨(kǎi)："假如晏子还活着，我就是为他执鞭驾(zhí biān jià)马，也是心向往之！"

晏婴 铜塑像

中华传统文化

知识链接

春秋时期的晏婴，是后世人们心目中智慧的化身。他的智慧充满幽默(yōu mò)与灵动，发生在晏婴身上的"晏子使楚""二桃杀三士"等故事，至今广为流传。

图绘《晏子使楚》

晏婴作为齐国宰(zǎi)相，对内以身垂范(chuí fàn)，对外不辱(rǔ)使命，足足影响了三代君主，就连至圣先师孔子都对他推崇(chóng)有加。

今临淄区与晏婴相关的古迹、景点主要有晏婴墓(mù)（临淄区齐都镇永顺庄东南）和晏婴公园（临淄城区晏婴路南，2009 年建成）。

分享交流

《左传》《史记》记载，晏婴任相期间，提出了很多合乎国情的主张和措施(cuò shī)。主要有：以民为本，薄敛省刑；崇尚(chóng shàng)理智，以抑(yì)制田氏来维护姜(jiāng)齐的正统地位；倡导节俭(chàng dǎo jié jiǎn)，以抑制(yì zhì)齐国上下的奢靡(shē mí)之风。

拓展活动

请同学们课后搜集(sōu jí)有关晏婴的传奇故事在班内交流一下，看谁讲得好。

走进齐文化 二

第14课　邹忌

邹忌，战国时期齐国人。齐桓公田午时的大臣。齐威王时期，以鼓琴游说齐威王，被任相国，封于下邳(今江苏邳县西南)，号成侯。后又侍齐宣王。他曾劝说齐威王奖励群臣吏民进谏，主张革新政治，修订法律，选拔人才，奖励贤臣，处罚奸吏，并选荐得力大臣坚守四境，从此齐国渐强。

成侯邹忌 石刻像

齐威王即位伊始，荒于酒色，不问政事，齐国的统治如履薄冰。邹忌通过鼓琴说明君臣和谐的重要性，使威王重新建立治理国家的信心。邹忌的治国理念是通过法律约束，打击官场中阿谀之徒的歪风邪气，树立正气。他说："大车不经过校正，就不能托载规定的重量；琴瑟不经过校正，就不能成就五音。"意即一个国家的政治，就像大车运转、琴瑟弹奏和弦一样，要有一定的制度约束，使百官协调一致。

邹忌讽齐王纳谏

中华传统文化

故事链接

弹琴论政

齐威王正在弹琴，邹忌推门进来，说："您弹得真好!"

齐威王说："先生刚才连我弹琴的样子都没看见，怎么能知道弹得好呢？"邹忌回答说："听琴声就知道。大弦急弹时如春风般温和，是象征国君；小弦声音明辨而清晰，是象征国相；手把弦抓得紧而又轻轻地放开，是象征政令；和谐的声音，大小相辅相成，曲折而又互不干扰，是象征四时；声音往复而不乱，象征政治昌明；声音连续而行，是象征国家的存亡。所以说，能把琴音调理好，天下就能太平。治理国家，安定百姓，没有比音乐的道理更明白的了。"齐威王听了邹忌的话，高兴地说："你讲得很有道理啊!"

自从邹忌"弹琴论政"，进谏治国大计之后，齐威王精神振作起来，针对国家的混乱局面，革新政治，选贤任能，励精图治，从而使齐国强大起来，出现了"齐最强于诸侯"的局面。

邹忌对镜图

走进齐文化 二

分享交流

邹忌(zōu jì)本是一位琴师，却被任命为相国，你觉得他能胜任吗？他是怎么做的？将《邹忌说琴 谏(jiàn)齐王》的故事和大家分享。

拓展活动

课后查阅资料，说一说邹忌(yuè)(zōu jì)是一个怎样的人？

中华传统文化

第15课　田单

田单，战国时期齐国人，是田齐宗室远房子弟。齐湣王时期曾在齐都临淄当过市椽（管理市场的小官）。

公元前284年，燕将乐毅伐齐，攻陷临淄。齐湣王被迫逃往莒城（今山东莒县）。田单和族人逃到了即墨。不久，即墨的守城主将在一次战斗中不幸阵亡，大家便共同推举田单负责指挥守城。田单受命于危难之际，非凡的军事才能得以发挥。终于于公元前279年，用计破燕敌，收复失地，恢复齐国疆域。拥立齐湣王之子法章为国君，史称齐襄王。襄王继位以后，封田单为相国。

田单塑像（临淄区太公祠西配殿内）

后来，齐襄王又把安平城封给田单，封田单为安平君。田单相齐以后，忠于职守，勤政爱民，深得人们的爱戴。

走进齐文化 二

知识链接

田单复国

公元前284年，燕将乐毅伐齐，攻陷临淄。这时，齐国只有莒城（今山东莒县）和即墨（今山东即墨北）两城没被燕军攻占，齐湣王被迫逃往莒城（今山东莒县）。田单就和族人一同逃到了即墨。不久之后，即墨的守城主将在一次战斗中不幸阵亡，大家便共同推举田单负责指挥守城。

受任之后，田单处处以身作则，他不仅自己与士兵一起劳作、战斗，而且把妻妾编到守城队伍里，以增强守城力量。此外，他还拿出个人的财物，犒劳有功的部下。这样，田单很快就在守城军民中树立起了崇高的威望。

田单见转机即将出现，进一步加紧了反攻的准备工作。公元前279年，燕昭王死，燕惠王继位。

田单首先用反间计使燕惠王派劫骑代替了乐毅；又把精壮的士兵都隐蔽

田单"火牛阵"大败燕军一角

中华传统文化

起来,只让老弱病残和妇女、儿童上城防守;然后又把千镒(一镒等于二十两)黄金派即墨的富豪送给骑劫,希望燕军进城后保护他们的安全,以此麻痹骑劫。燕军停止了攻城,一心等齐军投降,毫无戒备。齐军却在秣马厉兵,准备反攻。最后,田单用"火牛阵"大败燕军,收复了失地。

分享交流

田单是个有勇有谋的将军,他的哪些做法让你很钦佩?

拓展活动

课下搜集一下田单足智多谋的故事,和同学、老师、父母分享,和他们讨论一下我们应该学习他的什么品质。

走进齐文化 二

第16课 房玄龄(xuánlíng)

房玄龄(579—648年),名乔,齐州临淄人。唐朝开国功臣,也是贞观年间著名宰(zǎi)相。据《明清临淄县志(xiàn)》记载(zǎi),今临淄区齐都镇南马坊(fāng)村,有房玄龄的纪念性墓冢(mù zhǒng)。

房玄龄从小在家中受到良好的教育。他博览(bó lǎn)群书,才华出众。隋(suí)开皇十六年(公元596年),举进士,授(shòu)羽(yǔ)骑尉(wèi),迁到上郡(jùn)居住。隋(suí)炀帝(yáng dì)十三年,李渊(yuān)在太原起兵反隋。李世民率(shuài)军西进,占领渭(wèi)北,房玄龄(fáng xuánlíng)在渭(wèi)北投奔(tóubèn)李世民。

李世民拜(bài)他为渭(wèi)北道行军记室参军。李渊灭隋(yuānmièsuí),做了皇帝,立李建成为皇太子,封李世民为秦王。李世民拜房玄龄为秦王府记室,封临淄侯(fēnglín zī hóu)。房玄龄随同李世民转战南北,运筹帷幄(chóuwéi wò),为唐王朝的统一做出了卓越贡献(zhuóyuègòngxiàn)。

唐王朝统一全国后,李建成和李世民争夺皇位继承(jì chéng)权。房玄龄参与策划(cè huà)"玄武(xuánwǔ)门之变"。两个月后,李世民登上皇帝宝座,改年号为贞观(zhēnguān)。唐太宗即位(jí wèi)后,对群臣论功行赏(lùngōngxíngshǎng),认为房玄龄等五人功居第一。630年,房玄龄升任尚书左仆射(pú shè),行宰相(zǎixiàng)之职。

中华传统文化

知识链接

房玄龄不仅是一位著名的政治家，也是一位优秀的史学家。为总结历史经验，使国家长治久安，唐太宗任命房玄龄为史书的总监修，开了官修史书的先河。房玄龄主持了对经籍图书的搜集整理，主持了《晋书》以下至隋的六朝史的编写，还主持了唐朝国史的编纂。在修本朝史时，房玄龄主张秉公直书，不得曲阿。

分享交流

房玄龄不仅勤于政事，而且勇于进谏。他反对太宗对高丽进行的多年战争。公元648年，皇帝打算再次东征。这时房玄龄已重病缠身，可他仍不顾重病，书写谏表，上呈太宗。这种忧国忧民的精神，贯穿了房玄龄的整个生命。同学们，你有什么感想吗？

拓展活动

你能和同学交流一下房玄龄所为人称道的地方吗？

走进齐文化 二

第五单元　诗歌欣赏

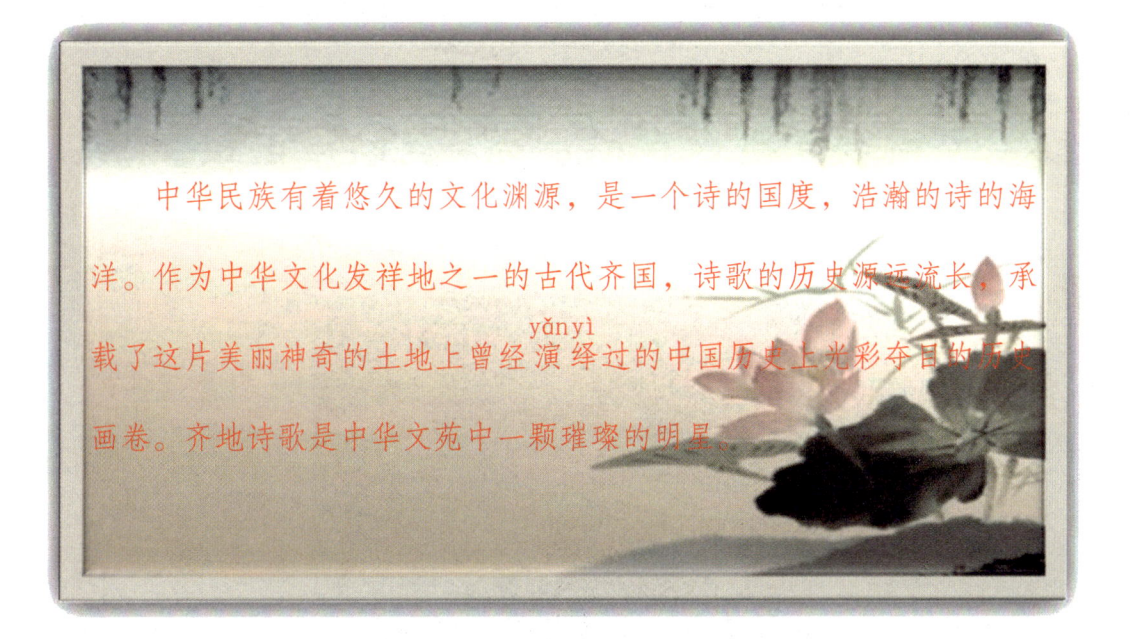

中华民族有着悠久的文化渊源，是一个诗的国度，浩瀚的诗的海洋。作为中华文化发祥地之一的古代齐国，诗歌的历史源远流长，承载了这片美丽神奇的土地上曾经演绎(yǎnyì)过的中国历史上光彩夺目的历史画卷。齐地诗歌是中华文苑中一颗璀璨的明星。

中华传统文化

第 17 课　　姜太公钓鱼

【明代】　许仲琳(lín)

宁在直中取，不在曲中求。
不为金鳞(lín)设，只钓王与侯(yǔ hóu)。

姜太公钓鱼

诗文解析

注释：求：获取。

　　　　王与侯(hòu)：贤明的君王。

译文：宁可正当地去争取，也不可委曲地谋求。

　　　　我钓鱼不是为鱼，我钓的是贤明(xiánmíng)的君主。

走进齐文化 二

解析：（jiě xī）

此诗选自《封神演义》。道破了姜太公直钓的秘密：在于引起任人为贤的周文王的注意，意不在钓鱼。俗语说："姜太公钓鱼愿者上钩"。

知识链接

传说商朝末期有个叫姜太公的人，他常常在溪边奇特地钓鱼：鱼钩是直的，离水面三尺以上，钩上还没有鱼饵。过路人看到他这样垂钓都暗暗发笑，他却一本正经地说："愿者上钩来。"后来周文王打猎来到这里，与姜太公谈得很投机，就请他做了国师。姜太公辅佐（fǔ zuǒ）周文王、周武王消灭了商朝。

分享交流

借助网络、走访等形式查查姜太公"愿者上钩"的故事，与大家分享。

拓展活动

利用周末去太公湖畔，参观一下姜太公的雕像和上边的文字记载（zǎi），你会对姜太公有更多的了解。

中华传统文化

第18课　贤哉小白（节选）

【唐】　张九龄

贤哉有小白，雠中有管氏。

若人不世生，悠悠多如彼。

齐桓公雕像

注释：

雠：相类，言其功相类也

若人：那人

不世：罕有，非常

走进齐文化 二

译文： 贤明的齐桓公小白啊，任用一箭之仇的管仲为宰相。那样不计前嫌（xián）的贤明君主，历史长河中又有多少？

解析： 此诗选自《全唐诗》。原诗题为《咏史》，现编者所加。诗人高度赞美了齐桓公不计个人恩怨、以国事为重的胸襟（xiōng jīn）。

知识链接

公元685年，齐襄（xiāng）公死了，他的长子纠和次子小白回国奔丧（bēn sāng），都想继位。途中，公子纠的谋士管仲射了小白一箭，小白机智地倒下骗过了管仲。等到管仲走远，他快马加鞭（biān）赶到齐国继承了王位，号称齐桓公。后来，齐桓公要杀死管仲，鲍叔牙阻止并举荐（jǔ jiàn）管仲，说："管仲是天下奇才，如果能重用，必兴齐国。"齐桓公不计个人的恩怨，以国家利益为重，启用管仲，从而齐国成为春秋五霸之首。

分享交流

齐桓公是春秋五霸之首，关于他的故事很多很多，希望同学们查阅一下，共同分享。

中华传统文化

第19课　管仲墓诗

【明】　毛维驺(wéizōu)

幸脱当年车槛(jiàn)灾，一匡霸(bà)业为齐开。

可怜三尺牛山土，千古长埋天下才。

管仲雕像

诗文解析

注释： 幸脱：侥(jiǎo)幸逃脱

　　　　槛：古代战车上的纵(zòng)木

　　　　匡：辅佐(fǔzuǒ)

译文： 幸运逃脱了当年的囚禁(qiújìn)之灾，辅佐齐桓公成就一方霸(bà)业。

　　　　牛山北麓(běilù)的三尺厚土下，千古长埋的是天下奇才管仲。

走进齐文化 二

解析：此诗选自嘉靖(jiājìng)《青州府志》。当年管仲被鲁庄公囚禁(qiújìn)，交齐国使者押(yā)回齐都临淄，后得到鲍(bào)叔牙的举荐(jiàn)，被齐桓公任为宰相。本诗写出了对天下第一相管仲的赞美之情。

知识链接

齐桓公拜管仲为相，管仲辅佐齐桓公总理国政，推行"四民分业""三国五鄙(bǐ)"行政制度；实行"均田分力，相地衰征""盐铁国家专卖""优惠工商"的经济制度；实行"寄军于政"，寓兵于农的军事管理制度；制定了选拔人才的"三选"制度和"三本四固"的干部管理制度；实行了"九惠之教"的惠民政策；提出了"尊王攘夷(zūnwángrǎngyí)"的战略方针，通过一系列政策和制度的实施，几年后，齐国成了春秋时期最富裕的国家，齐国强大以后，管仲又辅佐齐桓公从公元前681年到公元前651年先后九次与诸侯国会盟，一匡天下，使齐国成为春秋时期的首霸。

分享交流

"均田分力，相地衰征""三本四固"等政策的内容是什么？

中华传统文化

第20课　吊晏婴冢（diào yàn yīng zhǒng）

【清】　崔振宗

匹马空郊泪欲倾，苍烟远近暗荒城（huāng chéng）。

交游海内生平遍，衰（shuāi）草斜阳笑晏婴。

晏婴墓

注释： 空郊：空旷的郊外

荒城：指故齐城

交游海内：指晏子是杰出的外交家

译文： 独自骑着马行走在茫茫的荒原，城外的四周烟雾弥漫（mí màn）荒凉一片。晏婴卓越（zhuó yuè）的外交才能天下尽传，斜阳枯草也在把他的佳话

走进齐文化 二

笑谈。

解析： 本诗选自民国九年《临淄县志》，此诗一、二句抒写了晏婴(yànyīng)冢(zhǒng)的荒凉景象及作者的伤感情绪。第三、四句抒写了对这位杰出的外交家的赞叹。一个"笑"字表达了无尽的内涵(hán)。

知识链接

晏婴，字仲，谥(shì)平，也称晏子。春秋时期，齐国夷维(yíwéi)(山东高密)人。他是一位重要的政治家、思想家、外交家。以有政治远见和外交才能，作风朴素；爱国忧(yōu)民，敢于直言，在诸侯(zhūhóu)和百姓中享有极高的声誉(yù)，曾继历任灵公、庄公、景公三世。

传说晏子身材矮小，相貌普通，但足智多谋(móu)，为齐国昌盛立下了汗马功劳。其中，他出使楚国的故事——《晏子使楚》还被选入语文教材。

拓展活动

晏婴的故事很多，通过网络、询问家长、老师查阅一下，在班级里组织一期"晏婴故事手抄报"会展吧！

中华传统文化

第六单元　文物撷(xié)英

　　文物是人类在历史发展过程中遗(yí)留下来的遗物、遗迹。它是人类宝贵的历史文化遗产。临淄作为齐国故都留下了很多珍贵的文物，这一单元让我们一起走进临淄历史博物馆，看一看文物为我们呈现古代齐国怎样的辉煌。

走进齐文化 二

第21课　高子戈(ge)

高子戈

高子戈是1970年在临淄区敬仲镇(jìngzhòngzhèng)白兔丘村出土的，是春秋时期的青铜兵器(qì)。长29厘米，援(yuán)长12厘米，内6.5厘米，宽2.7厘米，胡5厘米，阑(lán)5.8厘米。有长方形穿4个，援近穿处有阴文"高子戈"三个字，制造非常精美。这个戈与春秋时期齐国公卿(qīng)大夫高傒(xī)以及高氏家族有密切的关联。

知识链接

戈是古代士兵用来钩(gōu)杀的一种兵器。在青铜兵器中出现最早。于二里头文化时期已经出现，并一直延续(yánxù)使用到战国时期。戈包括四个部分：戈头、柲、柲冒、镈(zūn)。戈头以青铜制作，是具有杀伤作用的主要部分。

中华传统文化

秘是戈柄。秘冒是套在戈秘顶端的铜制的或其他质料的附属物，用以加固秘端。镈有巩口，纳于秘下端，多作锐底以便将秘插在地上。

分享交流

龙纹戈是春秋时期的青铜兵器。长30厘米，援19厘米，胡7厘米，戈的两面各有卷体龙纹6条，援上4条，内上2条。

龙纹戈

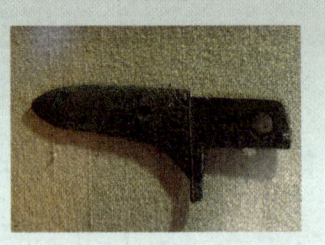

锺子戈是春秋时期青铜兵器。长23.5厘米，援14.5厘米，平均宽6厘米，内长8.25厘米，宽4.2厘米，胡3厘米，窄式阑长4.5厘米。内近阑处有"锺"字

锺子戈

拓展活动

高子戈是春秋时期的青铜兵器，正确的使用方法是怎样的？你能把自己的想象或找到的依据与大家分享吗？

走进齐文化 二

第22课　燕王剑(wáng jiān)

燕王剑

1997年7月在临淄区齐都镇龙贯(guàn)村出土，发现者是韩如水。剑长59厘米，宽4.2厘米，重1000克，剑脊上铸(zhù)有"郾(yǎn)王职作武跸(wǔ bì)旅剑"八个铭文。郾王职，即燕昭王姬(jī)职，燕哙(kuài)王之子，公元前311至公元前279年在位，共33年。"跸旅(bì lǚ)"指燕昭王直属的警(jǐng)卫部队。燕王剑在临淄出土，为我们研究公元前284年齐、燕之战提供了宝贵的实物，具有极高的学术研究价值。

知识链接

剑，古代兵器之一，属于"短兵"。素(sù)有"百兵之君"的美称。古代的剑由金属制成，长条形，前端(duān)尖，后端(duān)安有短柄(bǐng)，两边有刃的一种兵器。

中华传统文化

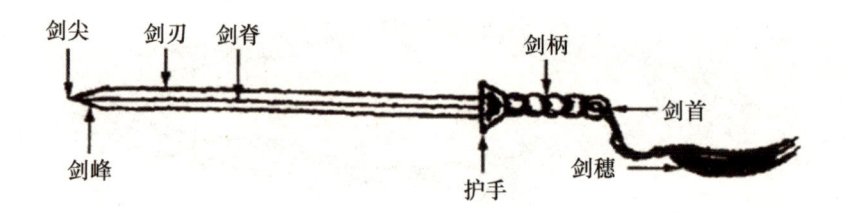

剑尖　剑刃　剑脊　　　　剑柄
剑峰　　　　　　护手　剑穗　剑首

分享交流

是谁发现了陈藏(cáng)在地下的燕王剑。燕王剑是怎样走进临淄历史博物馆的？关于燕王剑的出土和捐献还有哪些感人的故事？去查找一下相关的资料与大家分享吧！

拓展活动

据说燕王剑虽然在地下陈封了几千年，但是，刚出土时仍然能够展现它的锋(fēng)利。发现燕王剑的人想试一下它的剑刃，结果割破了手。关于燕王剑到底还有哪些我们不知道的呢？让我们走进临淄历史博物馆，了解燕王剑更多的故事吧！

走进齐文化 二

第23课 金樽

云纹金樽（wén zūn），长11.9厘米，重225克。铜戈长22.5厘米，援（yuán）长12.6厘米，内长8.8厘米，胡长9.1厘米。1979年出土于临淄区辛店街道办窝托村汉齐王墓陪葬（zàng）坑中。长胡三穿，援稍微弯曲。内侧上段靠近胡的地方有金质銎（qióng），顶端装饰的是一只回头的鸳鸯（yuānyāng）。目前，云纹金樽1件存放在临淄齐国故城遗址博物馆。

金樽铜戈

知识链接

存放于临淄齐国故城遗址博物馆的金樽，年代为西汉。金樽铜戈，是军权和地位的象征。也从一个侧面反映了西汉时期齐国强大的军事实力。

中华传统文化

分享交流

　　丙午带钩是 20 世纪 70 年代由临淄民间征集而来，是西汉早期工艺品的上乘之作。钩长 16 厘米，通体花纹用金银丝镶嵌(xiāngqiàn)。上部雕(diāo)一鹰(yīng)头，鹰(yīng)头上戴(dài)着高高的帽子，中间有手抱着一条鱼；下部雕(diāo)一蛇头，蛇嘴里含着一个翠绿的珠子。背后有银丝勾嵌(qiàn)的隶书铭文："丙午钩，口含珠，手抱鱼。"

丙午带钩

拓展活动

　　让我们走进临淄齐国故城遗址博物馆，详细了解金樽、丙午带钩的使用方法吧！

第七单元　文化遗产(yí chǎn)

　　非物质文化遗产是人类文明的重要组成部分。临淄文化底蕴(dǐ yùn)深厚，拥有丰富多彩的非物质文化遗产。2009年，临淄区被国家文化部评为全国非物质文化遗产保护先进单位。目前，临淄有区级非物质文化遗产180项，市级11项，省级9项，国家级3项。本单元介绍其中的两项。

中华传统文化

第24课　孟姜女的传说

　　孟姜女哭长城的故事是我国流传最广的民间传说之一，两千多年来，它口耳相授(shòu)、被古书记载、被艺人唱颂(sòng)、演于戏剧，直至今天搬上银幕，以多种样式的媒体传播，几乎是家喻户晓、老幼皆知。孟姜女的故事是怎样产生、流传与演变的呢？孟姜女的故事发生在齐国。齐国为姜太公的封国，过去记载中出现的"×姜"，总是齐国人。孟姜女，就是指齐国姜氏的大闺(guī)女。据《左传》、刘向的《列女传》记载，孟姜女为齐将杞梁之妻，杞(qǐ)梁于公元前549年在袭击莒(jǔ)国的战斗中战死，尸体被运回临淄，齐庄公派人在效外吊唁(yàn)。孟姜女认为，郊野不是吊丧之处，拒绝接受，于是庄公接受她的意见，专门到她家里进行了吊唁。十月初一这一天，杞梁妻送丈夫灵柩到临淄城外埋葬，她一路走一路大哭，走到临淄城附近，城墙突然崩塌。

　　到了唐代，这一题材演变成了孟姜女千里寻夫、哭崩万里长城的故事，具备了今天的刍(chú)形。

走进齐文化 二

知识链接

杞梁墓

杞梁墓在今临淄区齐都镇郎家村东 600 米处，靠近淄水和齐国故城城墙，原先有高大的封土，因为在村子的东边，所以被称为"东冢(zhǒng)子"。1967 年，杞梁墓在村民整地时被夷(yí)平，但墓(mù)室尚存。

分享交流

"孟姜女的传说"在临淄有两个版本，上面我们讲了一个，还有另一个你知道吗？

中华传统文化

拓展活动

在我们的身边依然有很多传承下来的古齐文化遗产，多访问身边的人，把有趣的故事记录下来吧！

走进齐文化 二

第25课　牛山庙会

　　牛山庙会就是赶牛山，从明朝开始，到清朝达到高峰。那时当地人春耕和秋收后，都要前来牛山上祭(jì)山拜牛，祈祷(qí dǎo)山川神牛保佑平安和取得好收成。当时山上建有宫观庙宇，供奉着众多神明，每年农历"三月三""九月九"各有六天庙会，临境青州、广饶、淄川等地的客商也纷纷前来酬(chóu)神、祈(qí)福，经商交易，逐渐形成了传统的牛山庙会。

　　20世纪80年代，牛山庙会除了各种物资贸易交流外，另有象棋比赛、拔河比赛、鸟王比赛、斗鸡表演、秋千表演、杂技马术、民间歌舞等各种文化活动到庙会助兴。牛山庙会成了集贸易旅游、娱乐、宣传齐文化于一体的民间活动。

　　现在牛山庙会以齐文化为内容精心策划包装。每逢庙会，齐陵(líng)街道周边百姓云集牛山，整个活动一般历时五天。除传统的"桓公拜相"古装表演、蹴鞠(cù jū)表演外，还开设了

中华传统文化

珍奇工艺鞋收藏展及剪纸、年画展，并邀请了诸多的民间艺术家进行现场表演，太极剑舞得虎虎生威，京剧票友唱得字正腔圆，评书、西河大鼓说得脍(kuàizhì)炙人口。独具特色的风味小吃、衣服鞋帽、针织品、日用百货等小商品琳(línláng)琅满目，商贸活动异常火爆。商贩(fàn)云集，游人如潮，踏青登高。牛山庙会已被列入省级非物质文化遗产。

知识链接

牛山庙会作为临淄民俗活动，在日新月异的变革和人们观念的更新中，其宗教活动色彩已日渐退却，凸显更多的是文化价值和民俗价值。赶牛山起源和发展与齐国故都临淄，不仅反映了其文化的深刻内涵，而且与现代临淄的经济发展关系密切，深受群众喜爱，有着广泛的群众基础。

走进齐文化 二

分享交流

作为一名临淄人,你有没有赶过牛山庙会呢?快把你赶牛山庙会的经历与小伙伴分享一下吧!

拓展活动

走一走: 还没有赶过牛山庙会的小朋友们,和小伙伴一起赶赶牛山庙会吧。

第八单元　抚今追昔

　　临淄历史悠久，被誉为宏大的"地下博物馆"。为了弘扬齐文化，临淄人民在区委区政府的领导下，立足齐文化资源优势，建设了一个个富有齐文化特色的博物馆，用以向我们讲述齐国辉煌的历史和曾经发生的动人的故事……

走进齐文化 二

第26课　齐文化博物馆

齐文化博物馆位于齐都文化城，2014年建成，建筑面积3.5万平方米，是一座集文物收藏、展陈、保护、研究、教育、休闲功能为一体的综合博物馆，主要展示齐地特色的文物专题陈列，并进行齐地非物质文化遗产、风土人情的研究保护。

齐文化博物馆大鸟瞰

齐文化博物馆外形

中华传统文化

分享交流

齐文化博物馆里有什么？你知道吗？

知识链接

序厅 　　　　　　　　　春秋厅

韶乐厅 　　　　　　　　秦汉厅

　　齐都文化城包括齐文化博物馆、足球博物馆、民间博物馆聚落和文化市场四个部分，总体格局"一城二十馆"，自东向西排列，就像一条龙一样，取"龙入东海"的意思。

走进齐文化 二

拓展活动

查一查：利用图书馆或网络搜寻博物馆中你喜欢的藏品的历史。

第27课　姜太公祠

姜太公祠位于临淄中心城区桓公路与遄台路交汇处东南部，于1993年建成，是一组中国传统的中轴对称、殿堂庙宇建筑，以姜太公衣冠冢为依托而建的庄重肃穆的古建筑群。

"天齐至尊"牌坊

姜太公祠大门

走进齐文化 二

分享交流

姜太公祠内有三君殿、丘祖殿、五祖殿、五贤殿、钓鱼亭、道士院等建筑，规模宏大。交流一下自己的感受。

祭姜大典　　　　　　　　　　姜太公祠内部

知识链接

每年齐文化旅游节，海内外姜氏后裔及齐地人民都要在姜太公祠前广场举行隆重的"祭姜大典"，深切怀念姜太公的丰功伟绩。

77

中华传统文化

姜姓后裔韩国前总统卢泰愚寻根访祖

祭姜大典：祭祖宗亲在姜太公祠前合影

拓展活动

找一找

在姜太公祠中寻找姜太公衣冠冢碑。

走进齐文化 二

第28课　管仲纪念馆

管仲纪念馆位于临淄区齐陵街道办事处北山西村，于2004年建成并对外开放，是展示天下第一相——管仲生平事迹、《管子》思想以及历代宰相文化的专题纪念馆，是国家3A旅游景点，分为馆区和园区两部分。

管仲纪念馆大门

中华传统文化

分享交流

管仲纪念馆由五厅（管鲍之交厅、桓公拜相厅、管仲治齐厅、首霸春秋厅、光照千古厅）、一祠（管仲祠）、一馆（中国宰相馆）组成。把你知道的有关管仲的小故事跟小伙伴交流一下吧。

管仲纪念馆内景

走进齐文化 二

知识链接

孔子曾在和学生子贡的谈话中对管仲在历史上的影响作了精彩的描述:"管仲相桓公,霸诸侯,一匡天下,中原的百姓至今还在得到他的好处。如果没有管仲,我们都得披头散发,衣襟向左边开了。"跟小伙伴交流一下感想吧。

拓展活动

查一查

利用图书馆或网络搜寻管仲的生平事迹。

中华传统文化

第29课　临淄中国古车博物馆

临淄中国古车博物馆位于淄河东岸、后李文化遗址之上,是当代中国首家最系统、最完整、将车马遗址与文物陈列融为一体的博物馆。

临淄中国古车博物馆大门

分享交流

中国古车博物馆分中国古车陈列厅、春秋殉马车展厅两部分。看到临淄中国古车博物馆内景,把你知道的、感悟到的跟你的小伙伴分享一下吧!

走进齐文化 二

临淄中国古车博物馆春秋殉马车展厅内景

临淄中国古车博物馆古车陈列厅内景

知识链接

万乘一览：这是广场南面高大的青石牌坊横额上镌刻的四个魏书大字，是对中国古车博物馆最精辟的概括，波澜壮阔的中国古车发展历史在这里展开了绚烂的画卷。

中华传统文化

拓展活动

走一走

参观临淄中国古车博物馆。

走进齐文化 二

第 30 课　　临淄足球博物馆

新建足球博物馆位于齐文化博物院太公湖畔，占地面积1.18万平方米，分室内和室外两大部分，集展陈区、功能区、设备区、休闲娱乐等多功能为一体，是一座全面展示蹴鞠文化和世界足球发展风貌的主题博物馆。

新建足球博物馆

新建足球博物馆侧视图

中华传统文化

分享交流

　　原临淄足球博物馆于 2015 年 1 月 31 日正式闭馆。十多年的风雨历程，它完成了收藏、展陈、保护、传承、研究、教育的历史使命。新建足球博物馆丰富了展品数量，馆内展览形式更加新颖，科技感十足，还有精彩的现场蹴鞠表演为全国各地的游客提供精彩的视觉体验和足球文化博览，你想对新老足球博物馆说些什么？

原临淄足球博物馆大门

走进齐文化 二

原临淄足球博物馆展品

拓展活动

查一查

利用图书馆或网络查一查蹴鞠的历史。

中华传统文化

活动探究课　走进临淄名馆

通过学习课文，我们了解了临淄的各个纪念馆，请你把各个纪念馆的资料、图片收集、整理一下，办个手抄报展、图片展吧。

活动探究内容：走进临淄名馆

齐文化博物馆　姜太公祠　管仲纪念馆

中国古车博物馆馆　足球博物馆

活动准备：

1. 我去了_____纪念馆。

2. 我把纪念馆中给我印象最深的画了下来。

3. 我从网上搜集了纪念馆的_____的资料。

4. 我拍下了_____的照片。

活动步骤：

1. 手抄报展

介绍一下你绘制的手抄报吧。

2. 小小图片展

展示一下你拍摄的图片吧。

主要参考书目

《齐国故都临淄》（上、下）——中共临淄区委、区政府编

《走进齐都》——谢维俊主编

《临淄成语典故》（上、下）——毕国鹏主编

《临淄地名史话》——临淄区民政局齐文化研究社编

《临淄区非物质文化遗产名录》（上）——临淄区非物质文化遗产名录编辑委员会编

《古代咏齐诗赋辑览》——王毅编著

《齐文化成语千句文》——王本昌、王海青著

《齐国成语典故故事》——王本昌著

中华传统文化

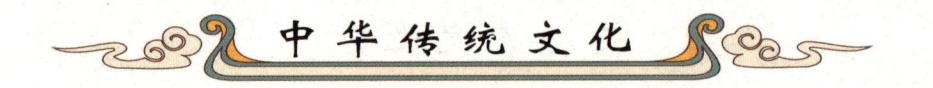

编后语：

为落实教育部《完善中华优秀传统文化教育指导纲要》精神，由宋爱国同志倡导和发起，张成刚同志积极推进，组成了《中华传统文化——走进齐文化》编委会，编写了本书，旨在使广大中小学生通过对齐文化的学习和了解，感悟齐文化的丰富多彩和博大精深，激发热爱齐文化的情感，提高对齐文化的认同度，从而探究齐文化，发掘齐文化，弘扬和光大齐文化，共建中华民族文化的精神家园。

徐广福拟定《〈中华传统文化——走进齐文化〉编写大纲》，确立了编写的指导思想、编写的原则、编写的思路、编写的体例、编写的内容和编写的目录；李德刚、吴同德、于建磊负责分册编写的组织、统稿、审稿和修订工作；王鹏、朱奉强、许跃刚、李新彦多次组织相关会议，推动了本书的编写工作；各分册的编写人员尽心竭力，按时完成了编写任务。

本书在项目论证、具体编写、审稿修订的过程中，得到了社会各界的帮助。齐文化专家宣兆琦教授对本书的编写纲要提出了很好的意见和建议；临淄区齐文化研究中心、齐文化研究社鼎力相助，宋玉顺、王金智、姜建、姚素娟、王景甫、王本昌、王方诗、邵杰、胡学国、王毅等专家给予了热情指导和真诚帮助，在此表示衷心感谢！

我们还要感谢试用本书的广大师生和读者。限于时间和水平，本书难免会存在一些问题，希望在试用过程中，及时把意见和建议反馈给我们，以便我们进一步改进和优化，提高本书的内涵品质。

《中华传统文化——走进齐文化》编委会

2023年2月